¡Cherry Wood es Feliz de Nuevo!

Joyce Marrie Ph.D.

Cherry Wood is Happy Again! © copyright 2020
Dr. Joyce Marrie
Published by, Chloe Arts and Publishing, LLC
Richfield MN. 55423

Translated by, Dafnne Aguilar

ISBN: 978-1-7358122-36

Library of Congress: 1-10124057801

Printed in USA

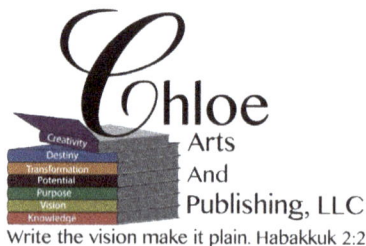

Chloe
Arts
And
Publishing, LLC
Write the vision make it plain. Habakkuk 2:2

Introducción

¡Cherry Wood es Feliz de Nuevo!, es escrito por Dr. Joyce Marrie por parte de una serie de libros para demostrarle a niños y niñas un mensaje de esperanza en tiempos de desesperación.

¡Cherry Wood es Feliz de Nuevo!, un libro de cuentos para niños y niñas escrito por la experiencia de un niño de 6 años, que le ha traumado viendo en las noticias el incidente de George Floyd que ha pasado en Minneapolis. La historia ilustra cómo un personaje (Cherry Wood el Árbol) afronta el trauma después de haber visto un ataque brutal.

Sabemos que George Floyd fue tratado horriblemente y por cierto eso ha causado mucha trauma a innumerables personas, incluyendo a pequeños niños y niñas, que igualmente ven el crimen de nuevo repetidamente en las redes sociales.

Este libro puede ser usado para alcanzar a los pequeños de una manera que no les haga dolor. Trauma es una carga difícil para los pequeñitos, y esta historia les da una forma de relacionarse con él, una manera de tener una experiencia en un lugar seguro y para empezar a curar.

Los libros Cherry Wood Finds a Home y A Birthday Celebration for Cherry Wood también son maneras de ayuda con el bullying, demostrando amistades sanas, y soportando autoestimas saludables en situaciones adversas.
La serie de The Cherry Wood es una buena herramienta para maestros/maestras, familias, y también terapistas para poder ayudar a los niños/niñas con problemas. Estas historias también enseñan a otros niños/niñas que sean buenos el uno al otro, o que tengan empatía.

Dedicación : Este libro fue inspirado por Justin P. Moore

Dedicación

Este libro fue inspirado por Justin P. Moore

Un día Cherry Wood iba en camino a visitar a sus tres amigos. El estaba feliz y no podía esperar a jugar, cantar, y bailar con sus amigos.

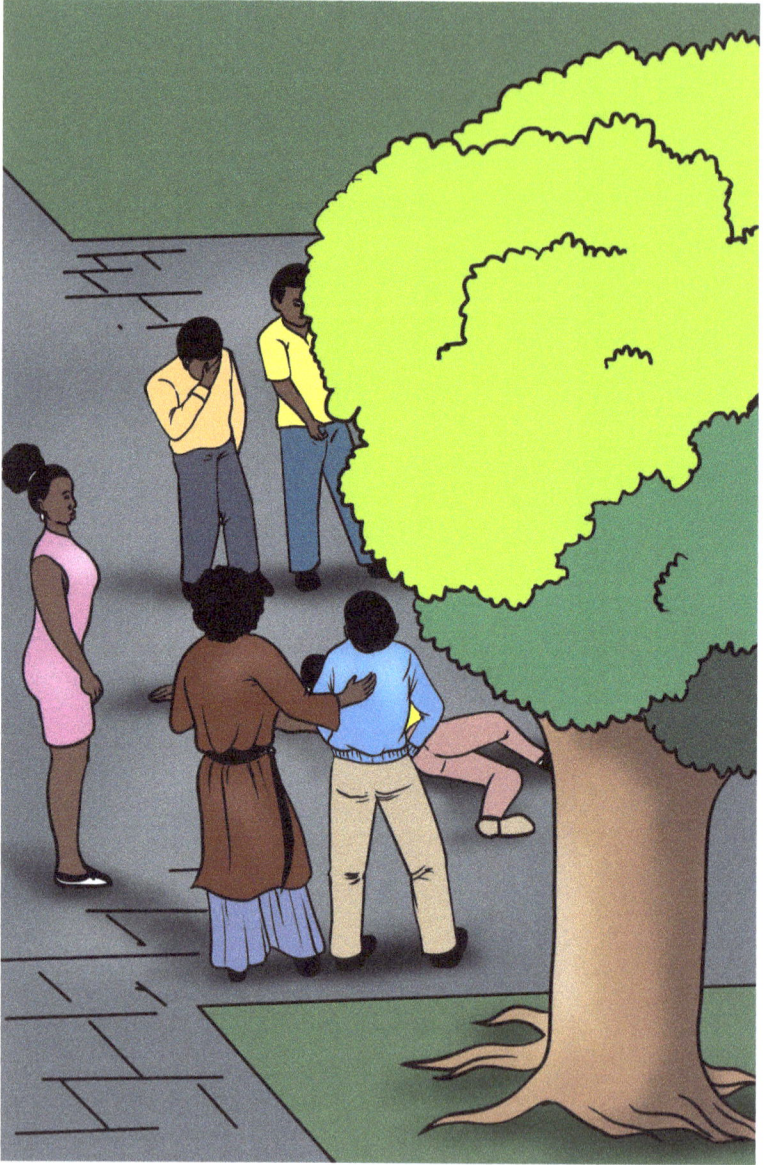

De repente él vio un grupo de personas mirando algo y gritando. El estaba curioso y quiso saber qué estaba pasando y que estaban mirando. Cuando se acercó, vio a un hombre en el piso y estaba herido y estaba sangrando. Alguien lo había atacado.

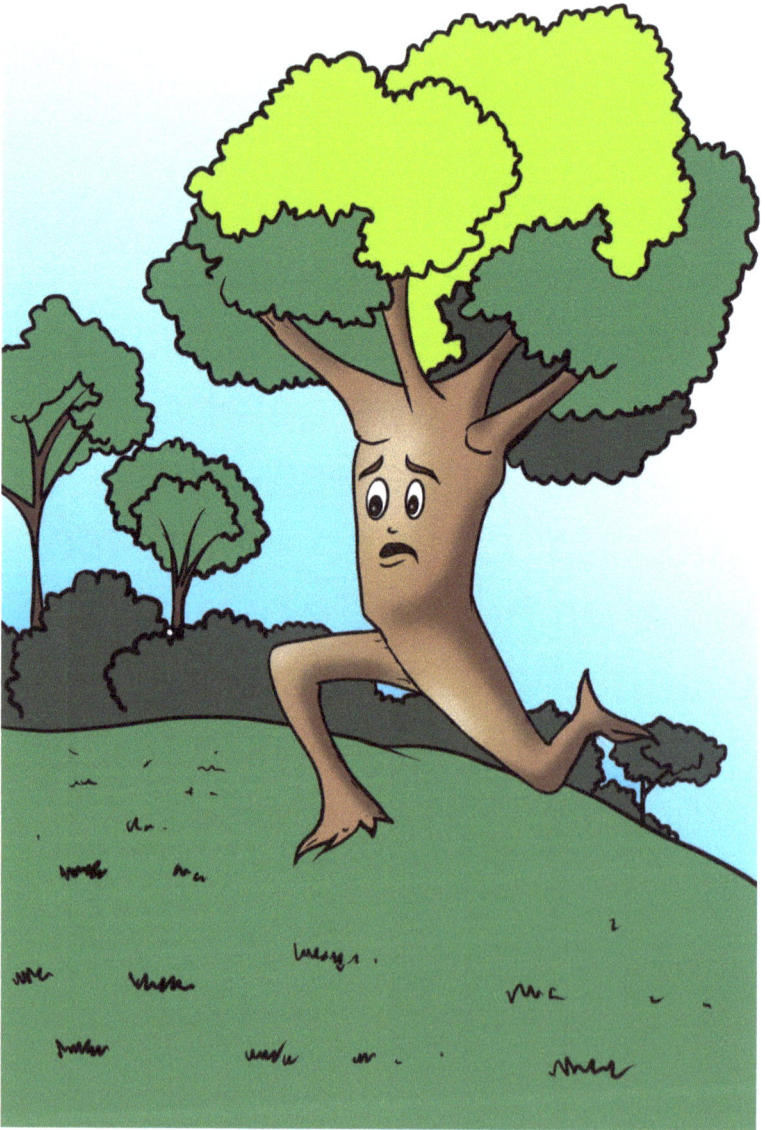

Cherry Wood se fue corriendo en temor. El estaba asustado y empezó a llorar.

Luego encontró a sus tres amigos y ellos le preguntaron

--¿por qué estás llorando?

-- He visto algo que me dañó el corazón, y cuando trato de olvidarlo nada más regresa a mi mente.

Cherry Wood les suplico

-- No puedo olvidar lo que he visto.

Los otros árboles empezaron
a llorar también, y uno le
había preguntado a Cherry
Wood
-- ¿Le has dicho a alguien
sobre lo que pasó?

-- No.
Dijo Cherry Wood.
-- Es muy difícil para mí
hablar de eso, y tengo
miedo.... No me siento tan
bien.

Los amigos árboles de
Cherry Wood le dijeron,
-- No estas solo.
Un arbol le dijo.
-- tengo una idea...a la mejor
el Señor Oak te puede
ayudar, el te ayudara por tus
tiempos difíciles.
Otro árbol le dijo.
-- Si.. el escucha y siempre
dice las palabras más
sabias.

Cherry Wood estuvo de acuerdo y les dijo,
-- Pues... supongo que sí.

Entonces Cherry Wood se fue en camino a buscar al Señor Oak.

El busco por todas partes
pero no lo pudo encontrar.
Luego el acordo
-- El Señor Oak siempre
aparece en los tiempos más
inesperados.
Se sentó en una piedra y
empezó a llorar; se sentía
solo y asustado.

El no podía parar de pensar en el hombre que había visto en el piso herido y sangrado, Cherry Wood pensó para sí mismo,

-- ¿Eso me va a pasar a mi también? ¿voy a ser el próximo que esté herido?

-- No puedo parar de pensar en lo que vi; me asusta eso…

Y desde entonces lloro mas y mas.

Cherry Wood recordó cuando le había sorprendido el Señor Oak en su fiesta de cumpleaños, y otra vez cuando chocó con él después de que le hayan hecho bullying y estaba perdido.

Y de repente de la nada el Señor Oak estaba parado allí enfrente de él. ¡Cherry Wood subió la cabeza sorprendido!

El Senor Oak dijo
-- Escuche y te sentí llorando, tu tristeza tocó mi corazón, me vine corriendo en prisa para encontrarte.

Cherry Wood estaba muy feliz de ver al Señor Oak.

El Señor Oak le dijo
-- ¿Cómo puedo ayudarte a secar esas lágrimas?
-- Estoy muy triste
--¿Por qué estás triste?

Cherry Wood le explico porque estaba triste al Señor Oak, le explico que había visto un hombre tirado en el piso herido y sangrando y que no podía sacar esa imagen de su mente

-- No se que hacer para que se vaya de mi mente o para que se me olvide.
Cherry Wood le dijo mientras lagrimas caían por sus mejillas.

El Señor Oak se dijo a sí mismo

-- Esto es traumático…. Hum

Voltio a consolar a Cherry Wood y le dijo

-- Yo entiendo tu temor y siento tu dolor Cherry Wood. El Señor Oak le dijo.

-- Vamos a ir a caminar y me puedes contar de todo lo que pasó.

Entonces Cherry Wood camino y habló con el Señor Oak y el Señor Oak escucho. Ellos iban por muchas caminatas y cada vez que iban por una caminata hablaban juntos y eso le hacía muy bien a Cherry Wood porque el Señor Oak le importo y le daba buenos consejos.

El Señor Oak le explicó a Cherry Wood que hay buena gente que ayuda a otros y que también hay mala gente que lastima a otros.

El dijo,
-- Liberate de este dolor, no lleves esa carga. Deja ir lo que pasó y cómo te ha hecho sentir.

Algún tiempo después, el Señor Oak llevó a Cherry Wood a una clínica donde él pudo recibir más ayuda. Un lugar donde se puede liberar de sus pensamientos malos. ¡Para qué Cherry Wood pudiera estar feliz de nuevo!

Fin

Para Más información en ordenar,
Por Favor contacte :
chloeartspublishing@gmail.com

"Entendiendo nuestro mundo en perspectivo de un niño pequeño"
Dr. Joyce Marrie

www.ingramcontent.com/pod-product-compliance
Lightning Source LLC
LaVergne TN
LVHW010310070426
835511LV00021B/3464